Les jeunes étoiles

Les jeunes étoiles DU PATINAGE ARTISTIQUE

COLLECTION CRABTREE « LES JEUNES PLANTES »

Taylor Farley

CRABTREE
PUBLISHING COMPANY
WWW.CRABTREEBOOKS.COM

Je peux faire du patin à glace.

Fii
cu
cardul tău Visa, în Aprilie
premii.
merge mai ușor cu Visa

Je vais à la **patinoire**.

Mes patins à glace ont des **lames** en métal.

lames

Les lames permettent de se déplacer plus facilement sur la glace.

Je tends les bras pour m'aider à garder mon **équilibre**.

Je pousse vers l'avant avec un pied puis avec l'autre pied.

J'aime faire des **glisses en position assise**.

J'aime faire des **spirales**.

Je portais un casque quand j’ai commencé.

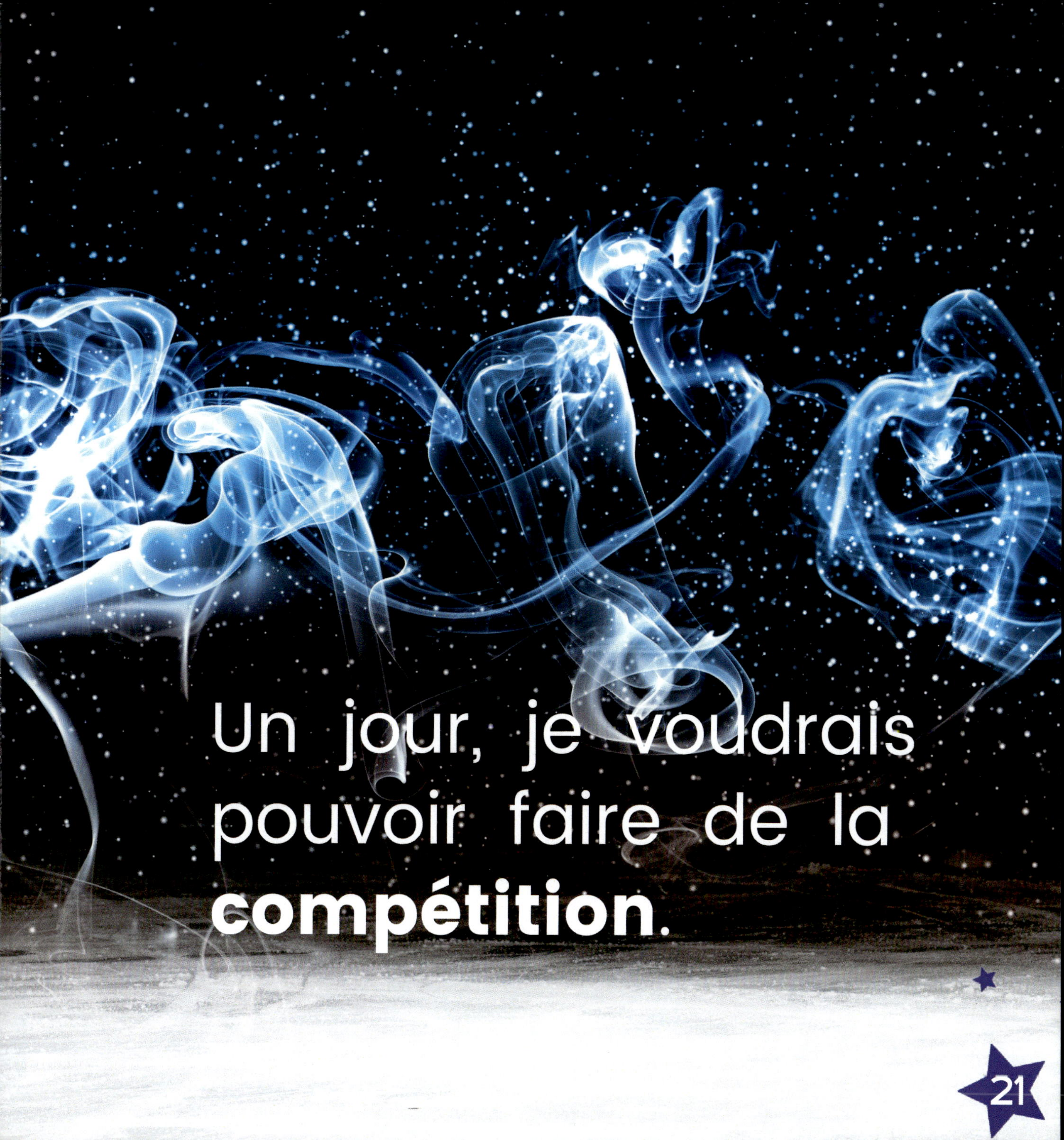

Un jour, je voudrais pouvoir faire de la **compétition**.

Glossaire

compétition (con-pé-ti-tyon) : Faire de la compétition, c'est quand tu t'efforces de gagner contre les autres lors d'un concours.

équilibre (é-ki-li-bre) : Quand tu es en équilibre, tu restes en position stable et ne tombe pas.

glisses en position assise (glis an po-si-tyon as-is) : C'est un mouvement qui s'effectue avec les pieds écartés à la largeur des hanches. Tu inclines le haut du corps et fléchis les genoux pour initier la position assise.

lames (lam) : Les lames sont les parties métalliques attachées sous les patins à glace.

patinoire (pa-ti-noir) : Une patinoire est une grande surface lisse pour le patinage. La patinoire est recouverte d'eau gelée très lisse.

spirales (spi-ral) : Une spirale c'est quand tu glisses sur une jambe tandis que l'autre jambe est levée à une hauteur supérieure à celle de la hanche.

Index

Soutien de l'école à la maison pour les gardien(ne)s et les enseignant(e)s.

Ce livre aide les enfants à se développer grâce à la pratique de la lecture. Voici quelques exemples de questions pour aider le(a) lecteur(-trice) à développer ses capacités de compréhension. Des suggestions de réponses sont indiquées.

Avant la lecture

- **Quel est le sujet de ce livre?** Je pense que ce livre parle du patinage artistique. Il peut nous apprendre les différents mouvements du patinage artistique comme celui sur la couverture.
- **Qu'est-ce que je veux savoir sur ce sujet?** Je veux savoir comment les jeunes apprennent à patiner.

Durant la lecture

- **Je me demande pourquoi...** Je me demande pourquoi les lames rendent le déplacement sur la glace plus facile.
- **Qu'est-ce que j'ai appris jusqu'à présent?** J'ai appris que les patineurs ouvrent leurs bras pour garder leur équilibre. Ils poussent vers l'avant avec un pied puis l'autre.

Après la lecture

- **Nomme quelques détails que tu as retenus.** J'en ai appris un peu plus sur deux mouvements en patinage artistique : glisse en position assise et spirale.
- **Écris les mots peu familiers et pose des questions pour mieux comprendre leur signification.** Je vois le mot *patinoire* à la page 5 et le mot *compétition* à la page 21.Les autres mots de vocabulaire se trouvent aux pages 22 et 23.

Crabtree Publishing Company
www.crabtreebooks.com 1-800-387-7650

Version imprimée du livre produite conjointement avec Blue Door Education en 2021.

Crédits photos : Couverture © Sergey Nivens; p. 3 © katacarix; p. 4-5 © Radu Bercan; p. 7 et 17 © Arina P Habich; p. 9 © Pavel Ilyukhin; p. 11 © Tomsickova Tatyana; p. 12 © BlueOrange Studio; p. 14 © Vladimir57; p. 18 © FamVeld; p. 20-21 © Sergey Nivens
Toutes les photos de Shutterstock.com

Auteur : Taylor Farley
Coordinatrice à la production et technicienne au prepress : Samara Parent
Coordinatrice à l'impression : Katherine Berti
Traduction : Claire Savard

Publié au Canada par Crabtree Publishing
616 Welland Ave.
St. Catharines, ON
L2M 5V6

Publié aux États-Unis par Crabtree Publishing
347 Fifth Ave
Suite 1402-145
New York, NY 10016

Catalogage avant publication de Bibliothèque et Archives Canada

Disponible à Bibliothèque et Archives Canada

Imprimé au Canada/042021/CPC